LAROUSSE
matemáticas 2

Libro de actividades
de acuerdo con el programa oficial

Dirección editorial: Tomás García Cerezo
Coordinación de contenidos: Yanitza Pérez y Pérez
Contenido: María Guadalupe Huerta, Maricela Torrejón Becerril,
           Yanitza Pérez y Pérez
Diseño y formación: Rocío Caso Bulnes
Coordinación Gráfica: Mónica Godínez Silva
Asistencia de Coordinación Gráfica: Marco A. Rosas Aguilar,
                                      Rubén Vite Maya
Ilustración: Rubén Vite Maya
Diseño de portada: Ediciones Larousse S.A. de C.V.
                    con la colaboración de Raúl Cruz Figueroa
Revisión técnica y preprensa: Federico Medina Ordóñez

D.R. © MMXIV Ediciones Larousse, S.A. de C.V.
Renacimiento 180, Col. San Juan Tlihuaca,
Delegación Azcapotzalco,
México, 02400, Ciudad de México.

ISBN: 978-607-21-1047-2

Primera edición - Segunda rempresión

Todos los derechos reservados conforme a la ley.
Queda estrictamente prohibida su reproducción por cualquier medio mecánico
o electrónico conocido y por conocerse, sin la autorización escrita del titular
del copyright. Las características de esta edición, así como su contenido, son
propiedad de Ediciones Larousse, S.A. de C.V. Larousse y el logotipo Larousse
son marcas registradas de Larousse, S.A. 21 Rue du Montparnasse, 75298 París
Cedex 06.

Impreso en México – *Printed in Mexico*

Esta obra se terminó de imprimir en septiembre de 2016 en los talleres de Compañía Editorial Ultra, S.A. de C.V.
Centeno 162-2, Col. Granjas Esmeralda, C.P. 09810, Ciudad de México.

Presentación

Desde pequeños los niños están en contacto con diferentes situaciones que les permiten ir incorporando conceptos matemáticos en su vida diaria, por ejemplo: "yo quiero muchos dulces", "yo soy más grande", etc., sin embargo es necesario que cuenten con un material que les permita interiorizarlo de una manera formal. Esta serie está diseñada para acompañar a los niños en la etapa preescolar y favorecer los procesos del Pensamiento matemático para lo cual se tomaron en cuenta las competencias que propone la SEP en este Campo Formativo.

El contenido de cada ejercicio fue realizado con base en los intereses como a las capacidades de los niños de esta edad; contienen instrucciones sencillas y claras para que el adulto que lo acompaña le explique cómo realizarlo. Se alternan diferentes tipos de trabajo que evitan la monotonía provocando la expectativa de lo que sigue.

El tamaño y el diseño de las ilustraciones son acordes a las diferentes edades de los niños y favorecen la ejecución de las actividades que se proponen en cada una de éstas.

Al trabajar los ejercicios el niño podrá desarrollar además habilidades preceptúales, visomotoras, de lenguaje, memoria, atención, razonamiento, construir imágenes mentales o conceptos y ampliar su vocabulario.

El libro aborda diferentes conceptos que cubren las habilidades de aprendizaje de los niños de esta edad. Iniciamos con ejercicios que van a favorecer que el niño practique habilidades que lo acerquen a diferentes conceptos relacionados con la medida como grande-pequeño, largo-corto, etc.
Se continúa con contenidos que acercan al niño a conocer las diferentes nociones espaciales para que entienda aspectos como arriba-abajo, izquierda, derecha, etc. Cabe señalar que cada concepto se presenta de manera aislada y después se emplea su opuesto para que el niño tenga un punto de comparación.
Y antes de abordar los números se ven las diferentes formas geométricas donde se pide al niño que las identifique y las trace.
Los números se trabajan a partir de conocer su escritura, después relacionándolo con la cantidad y finalmente realizando la práctica del trazo.

La última parte del libro está dedicada a reforzar y complementar habilidades que son esenciales para un buen aprendizaje de las matemáticas, como son: identificar un patrón para razonar y saber cuál es el que sigue, desplazarse en un plano gráfico, identificar qué pasa antes y qué después de un suceso.

Al final del libro hay unas hojas para recortar con la finalidad del que el niño ejercite su psicomotricidad fina, su percepción visual y su atención.

Sugerencias para trabajarlo:

- Busque un lugar con suficiente luz y ventilado, si no cuenta con luz natural se recomienda poner una lámpara del lado contrario al que escribe el niño.

- Trabaje en una mesa despejada para favorecer una buena postura en el niño y lograr una mejor ejecución del ejercicio.

- Lea al niño la instrucción y pregúntele qué tiene que hacer. Si el niño ya inicia la lectura, promueva que él la lea y sólo aclare las dudas.

- Anime al niño en sus esfuerzos y felicítelo de manera objetiva por el trabajo realizado.

- Dele tiempo para reflexionar y que logre por sí mismo el objetivo.

- Proporcione al niño el material necesario, en buen estado y ya dispuesto en el lugar de trabajo antes de empezar para evitar distracciones.

- Se recomienda tener a la mano material concreto como cubos, fichas, corcholatas, palitos de madera, etc., para que el niño trabaje los conceptos primero con materiales y después en plano gráfico.

- Se sugiere tener a la mano los siguientes materiales: lápiz de madera número 2.5, colores de madera, gises, plumones, acuarelas, punzón o lápiz con punta afilada, sacapuntas, tijeras, tablita de cartón, pegamento líquido y en barra, pintura dactilar. Los materiales pueden ser sustituidos por otros que se tengan accesibles en la casa o en la escuela. También se puede aprovechar material de reúso.

Esperamos que con este libro tanto los niños como los docentes y padres de familia encuentren un apoyo útil para acompañarlo en el desarrollo de las diferentes habilidades matemáticas.

Medida

Grande – Pequeño

Estas dos niñas fueron a nadar y necesitan su bata y chanclas para salir de la alberca. Colorea de azul lo que es para la niña grande y de rojo lo que es para la niña pequeña.

Medida

Grande – Pequeño

Observa la casa grande y la casa pequeña. Relaciona con una línea morada los muebles que caben en la casa grande y con una línea de color verde los muebles que caben en la casa pequeña. Colorea las casas.

Medida

Alto - Bajo

Observa que en el grupo hay niños altos y niños bajos. Colorea de verde las playeras de los niños que son altos y de morado las playeras de los niños que son bajos.

Medida

Alto - Bajo

Colorea de verde claro los árboles altos y con verde oscuro los árboles bajos

Medida

Largo – Corto

Colorea la caja más larga y encierra la más corta. ¿Qué cosa crees que podrías guardar en cada una? Coméntale tu respuesta a un adulto.

Medida

Largo – Corto

Encierra en un círculo rosa a las niñas que tienen el cabello largo y en un círculo café a las que tienen el cabello corto. Colorea el cabello de cada niña.

Medida

Lleno - Vacío

¿Te gustan las galletas? Dibuja en un plato galletas hasta que quede lleno. El otro plato déjalo vacío.

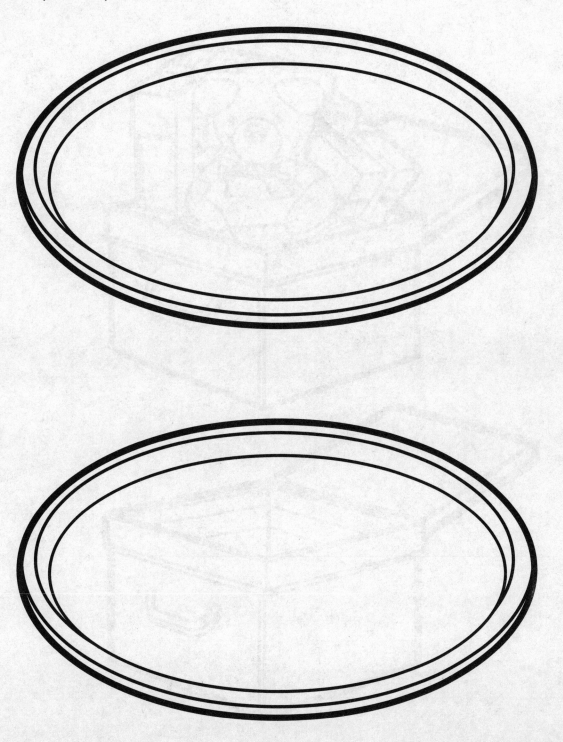

Lleno - Vacío

Colorea la caja que está llena de juguetes. Encierra en un círculo la caja que está vacía.

Medida

Repaso

Observa los dibujos y relaciona:
lleno – vacío, bajo – alto, corto – largo y grande – pequeño. Colorea.

Medida

Repaso

Colorea en cada fila el objeto que se te pide.

Más grande

Más delgado

Más pesado

Más alto

El más corto

Medida

Repaso

Colorea lo que se te pide:

El plato pequeño y lleno		
Un perro grande con cola larga		
La resbaladilla alta y grande		
La canasta vacía y pequeña		

Medida

Repaso

Dibuja en los cuadros vacíos lo que se te indica.

	Frutero lleno
	Oso grande

16

⊢——⊣ Medida

Repaso

Edificio alto

Playera larga

Medida |⎯⎯|

Muchos

Imagina que es la fiesta de tu mejor amigo. Adorna la fiesta con muchos globos.

Muchos

Es de noche, colorea muchas estrellas alrededor de la luna.

Medida

Medida ┠───┨

Pocos

En este frasco había muchos dulces pero se han ido acabando. Dibuja pocos dulces de los que más te gustan.

Medida

Pocos

Acaba de dejar de llover y el sol empieza a salir, dibuja pocas gotas de lluvia.

Medida ⊢—⊣

Muchos – Pocos – Ninguno

Los pájaros viven entre las ramas porque se ocultan de la lluvia, de los rayos del sol y ahí no se les puede alcanzar.

Medida

Muchos – Pocos – Ninguno

Encierra en un círculo de color verde la rama donde hay muchos pájaros, en un círculo café la rama donde hay pocos pájaros y en un círculo anaranjado donde no hay ningún pájaro. Colorea los pájaros.

Medida

Muchos – Pocos – Ninguno

¿Te gustan los peces? ¿Has visto una pecera?
En la primera pecera dibuja muchos peces, en la segunda pecera dibuja pocos peces y en la tercera pecera, ninguno. Colorea los peces de colores.

Medida

Muchos – Pocos – Ninguno

Posición

Arriba

Encierra en un círculo los gatos que están arriba de la mesa, después colorea el dibujo.

Arriba

Encierra en un círculo la pelota que está arriba de la mesa. Después colorea el dibujo.

Posición

Abajo

Colorea los juguetes que están abajo del estante.

Posición

Abajo

Marca con una X la caja que está abajo. Después coloréalas con crayolas.

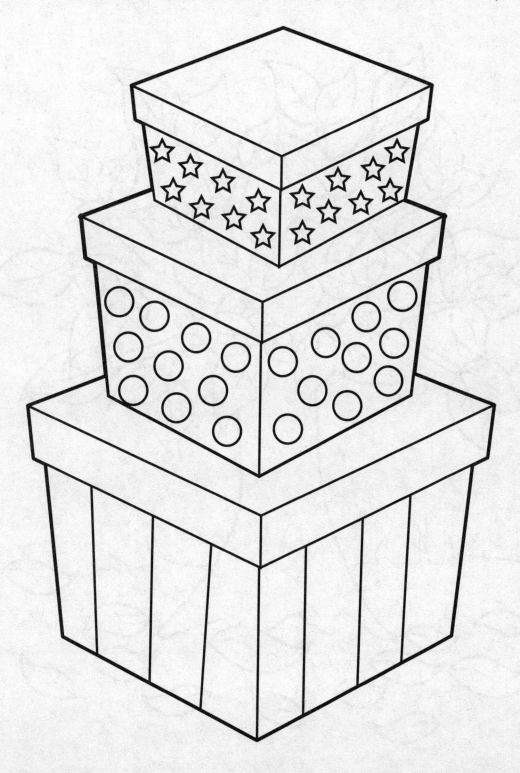

Posición

Arriba – Abajo

Colorea de verde las hojas de arriba y de naranja las hojas de abajo.

Posición

Adentro

Colorea las frutas que están adentro de la canasta.

Posición

Adentro

Encierra en un círculo al niño que está adentro de su corral. Después coloréalo.

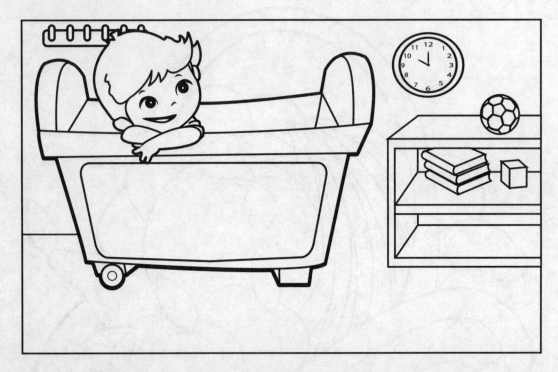

■ ◆ ■ ■ Posición

Afuera

Delinea con color rojo el juguete que está afuera del mueble. Después colorea todo el dibujo.

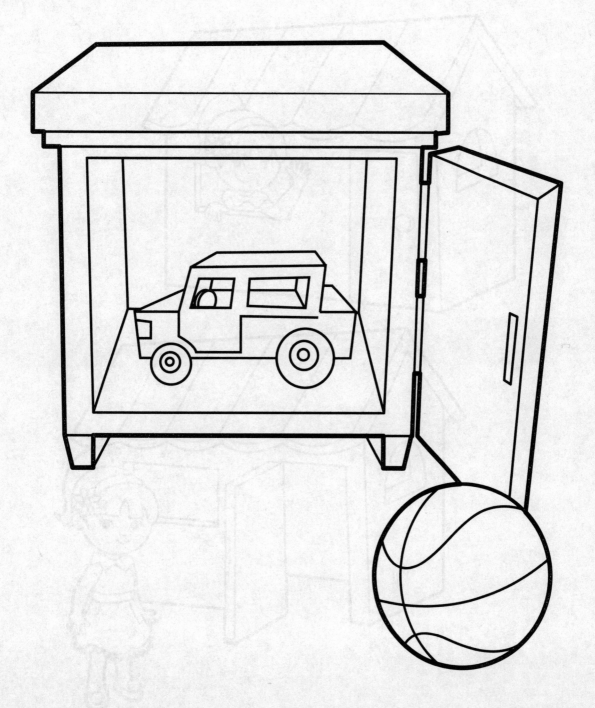

Posición ■ ◆ ■ ■

Afuera

Colorea a la niña que está afuera de la casa. Después decora la casa con pintura dactilar.

Posición

Adentro – Afuera

Colorea de café el pelo de los niños que están adentro del mar y de negro el de los niños que están afuera.

Posición ■ ◆ ■ ■

Adelante

Colorea las llantas del carro que está adelante.

■ ◆ ■ ■ **Posición**

Adelante

¿Sabes cómo se llama el objeto que está delante de la señora? Márcalo con una **X** y después colorea todo el dibujo.

Posición ▪ ◆ ▪

Atrás

Marca con una ✗ la cara de la persona que está atrás.

■ ◆ ■ Posición

Atrás

Encierra en un círculo el objeto que está atrás del niño. Después colorea el dibujo.

Posición ■ ◆ ■

Adelante – Atrás

Marca con una ✗ a las personas que están en la fila de atrás y encierra en un círculo a las que están en la fila de adelante.

Izquierda

Encierra en un círculo el animal que está a la izquierda del elefante, después marca con una ✗ el que está a la izquierda de la cebra.

Posición ■ ◆ ■ ■

Izquierda

Dibuja del lado izquierdo los puntos que le faltan a la catarina.

Derecha

Encierra en un círculo el animal que está a la derecha de la cebra, después marca con una ✗ el animal que está a la derecha del león.

Posición ■ ◆ ◆ ■

Derecha

Dibuja del lado derecho las manchas que le faltan a la mariposa.

■ ◆ ■ ■ **Posición**

Izquierda – Derecha

Colorea de rosa la mano derecha y de morado la mano izquierda, después marca con una ✗ la mano con la que TÚ escribes.

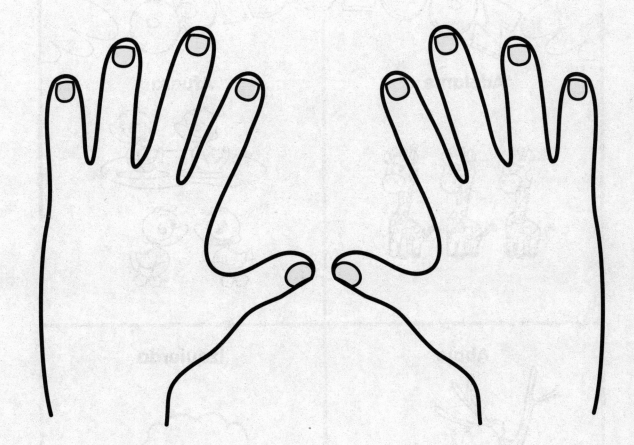

Mano izquierda **Mano derecha**

Posición ■ ◆ ■ ■

Repaso

Marca con una X el animal de acuerdo a lo que indique cada cuadro.

Repaso

Estos niños se divierten en un parque, pon atención y haz lo que se te pide:
- Encierra en un círculo **verde** al niño que está **atrás** de la fila.
- En uno **rojo** al que está **adentro** de la casita.
- En uno **café** la casita que está de lado **derecho** y
- En uno **azul** al niño que está **arriba** de la resbaladilla.

Después colorea todo el dibujo.

Figuras geométricas ■ ◆ ● ▲

Círculo

Esta figura geométrica se llama círculo. Observa a tu alrededor cuántas cosas tienen esta forma.
Traza los círculos siguiendo la línea punteada con diferentes colores.

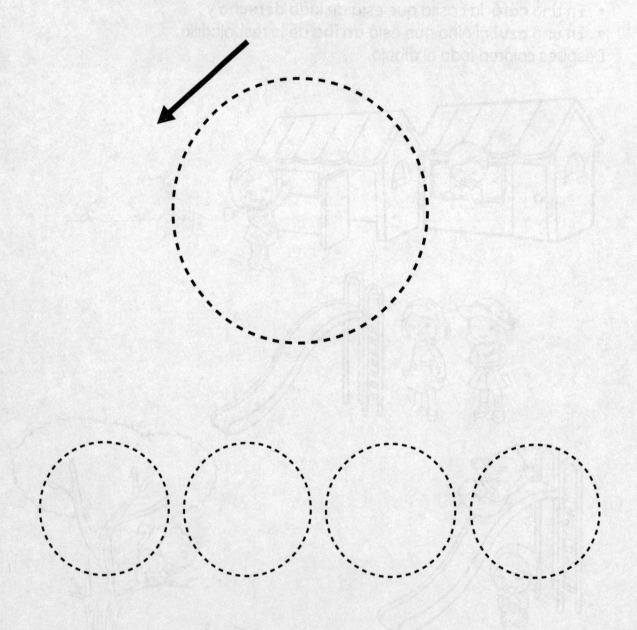

■ ◆ ● ▲ **Figuras geométricas**

Círculo

Estos dibujos están incompletos. Dibuja las llantas de la bici, la nariz del payaso y los círculos a la catarina.

Figuras geométricas ■ ◆ ● ▲

Cuadrado

Esta figura geométrica se llama cuadrado. Observa a tu alrededor cuántas cosas tienen esta forma.
Traza los cuadrados siguiendo la línea punteada con diferentes colores.

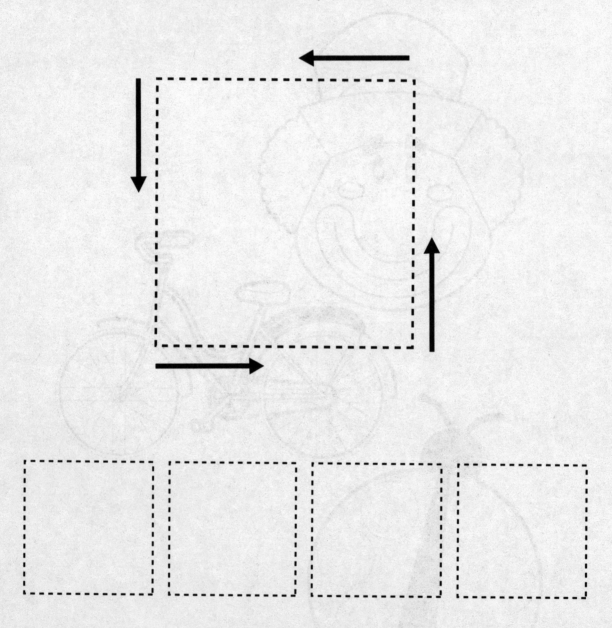

Figuras geométricas

Cuadrado

Estos dibujos están incompletos. Dibuja la superficie de la mesa, el marco al dibujo y las ventanas del edificio.

Figuras geométricas ■ ♦ ● ▲

Triángulo

Esta figura geométrica se llama triángulo. Observa a tu alrededor cuántas cosas tienen esta forma.
Traza los triángulos siguiendo la línea punteada con diferentes colores.

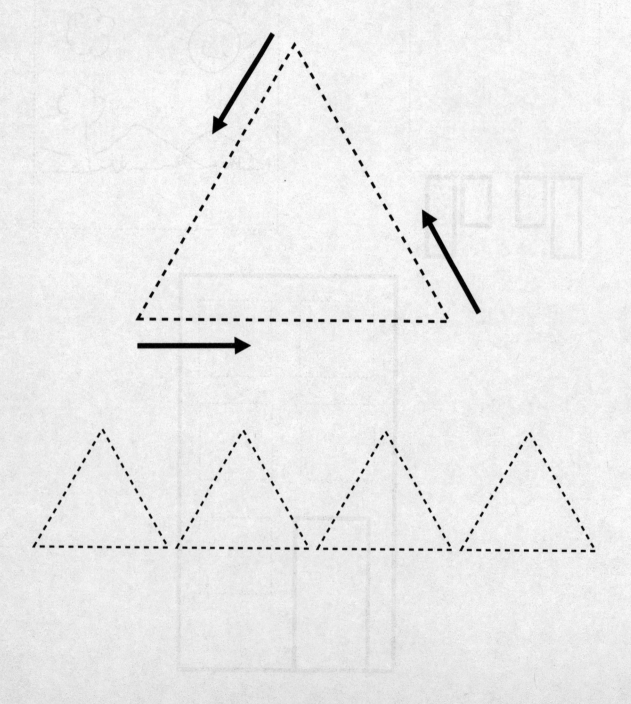

Figuras geométricas

Triángulo

Estos dibujos están incompletos. Dibuja el gorro a la bruja, el gorro de fiesta a la niña y el follaje al pino.

Figuras geométricas

Rectángulo

Esta figura geométrica se llama rectángulo. Observa a tu alrededor cuántas cosas tienen esta forma.
Traza los rectángulos siguiendo la línea punteada con diferentes colores.

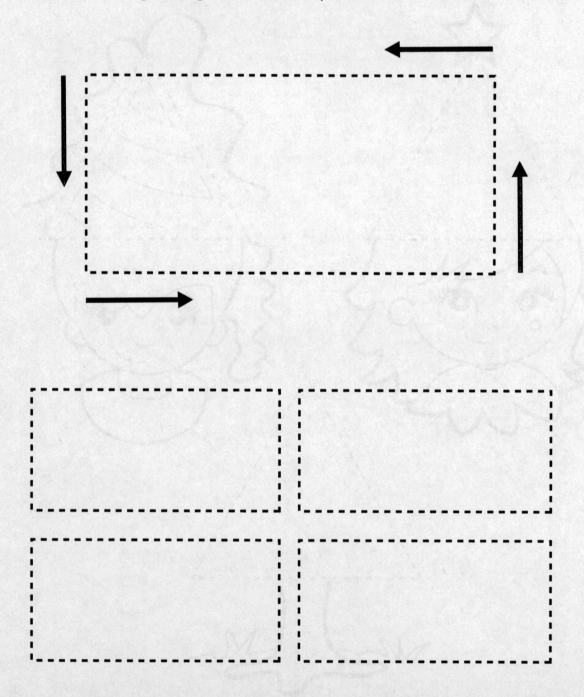

■ ◆ ● ▲ *Figuras geométricas*

Rectángulo

Estos dibujos están incompletos. Dibuja un vagón a la locomotora, una puerta a la casa y el asiento a los columpios.

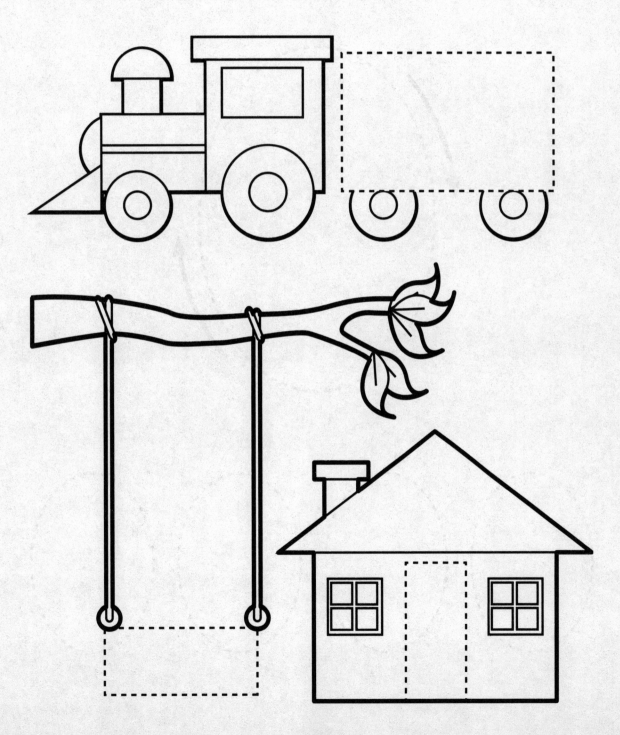

55

Figuras geométricas ■ ◆ ● ▲

Óvalo

Esta figura geométrica se llama óvalo. Observa a tu alrededor cuántas cosas tienen esta forma.
Traza los óvalos siguiendo la línea punteada con diferentes colores.

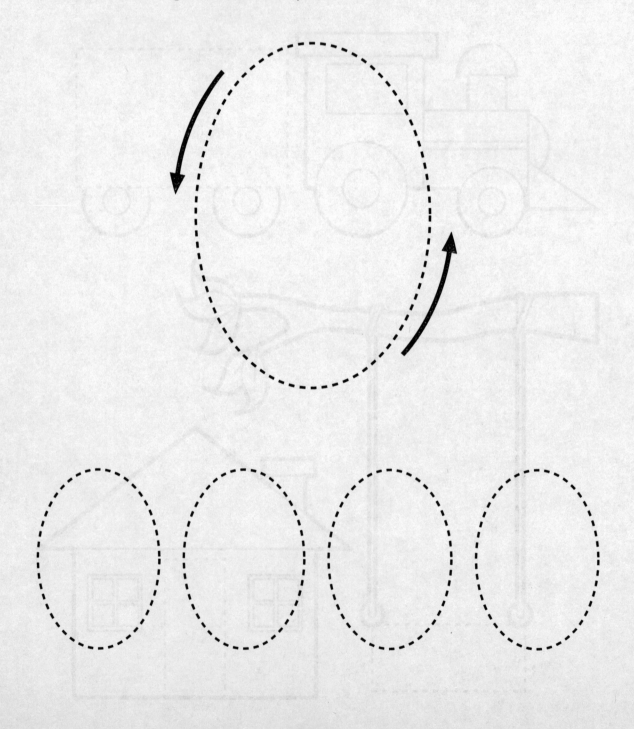

Óvalo

Estos dibujos están incompletos. Dibuja dos huevos a la gallina, las orejas al conejo y el cuerpo al pez.

Figuras geométricas ■ ◆ ● ▲

Rombo

Esta figura geométrica se llama rombo. Observa a tu alrededor cuántas cosas tienen esta forma.
Traza los rombos siguiendo la línea punteada con diferentes colores.

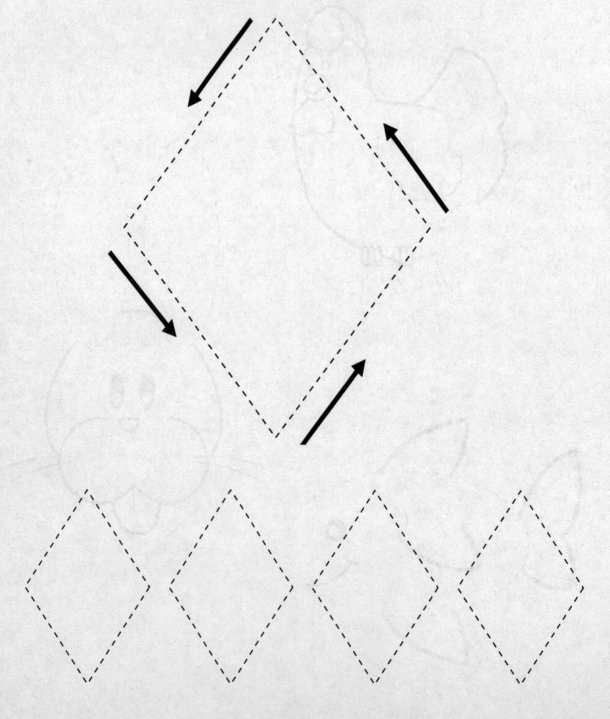

Figuras geométricas

Rombo

Estos niños están volando papalotes. Traza los papalotes y coloréalos.

Figuras geométricas ■ ◆ ● ▲

Cruz

Esta figura geométrica se llama cruz. Observa a tu alrededor cuántas cosas tienen esta forma.

Traza las cruces siguiendo la línea punteada con diferentes colores.

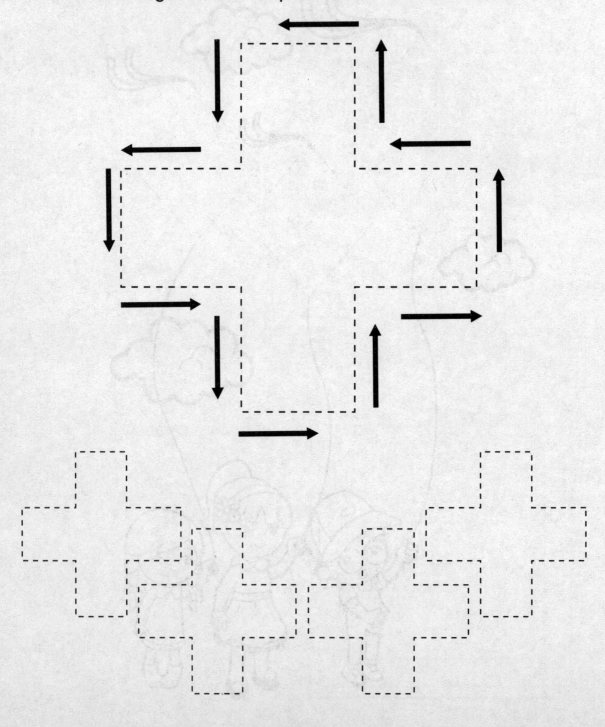

Cruz

Algunas cosas tiene la forma de cruz. Remarca con colores las cruces que aparecen en los dibujos.

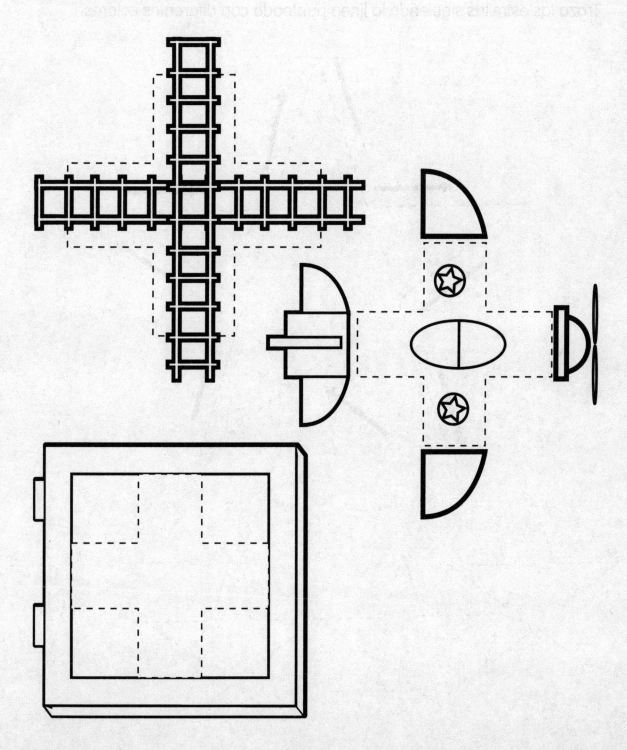

Figuras geométricas ■ ◆ ● ▲

Estrella

Esta figura geométrica se llama estrella. Observa a tu alrededor cuántas cosas tienen esta forma.

Traza las estrellas siguiendo la línea punteada con diferentes colores.

Figuras geométricas

Estrella

Éste es un cielo estrellado. Dibuja las estrellas y coloréalas.

Figuras geométricas ■ ◆ ● ▲

Repaso

¿Te diste cuenta de que a tu alrededor hay muchas cosas que tienen la forma de las figuras que acabamos de ver? Une con una línea las figuras que son iguales.

Figuras geométricas

Repaso

Colorea el rombo rojo, el rectángulo azul y el círculo verde. Después colorea esas figuras del mismo color en cada dibujo.

Figuras geométricas ■ ◆ ● ▲

Repaso

Con las figuras geométricas dibuja un gorro de fiesta, un sol, un papalote y un marco para una foto.

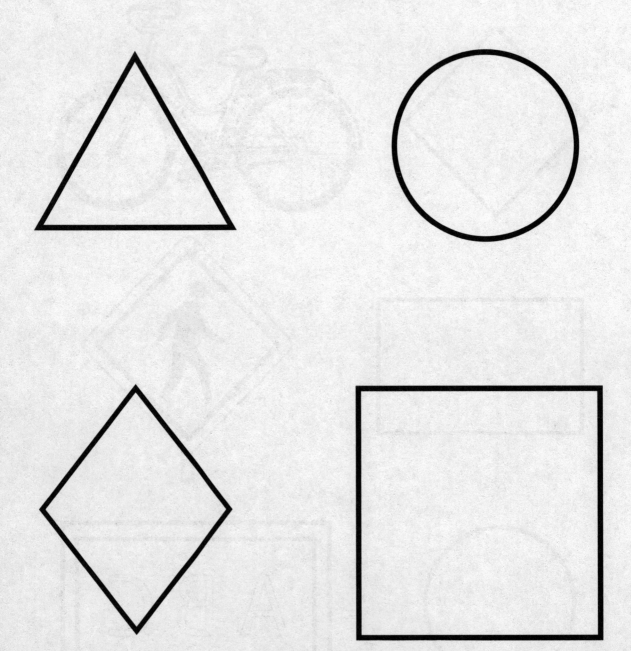

Figuras geométricas

Repaso

Colorea los ◯ rojos, los △ azules, los ◇ amarillos, los ◯ verdes y las ✚ Rosas.

Uno

Traza el número **1** varias veces siguiendo la línea punteada. Después colorea donde haya **1** animal y tacha los demás.

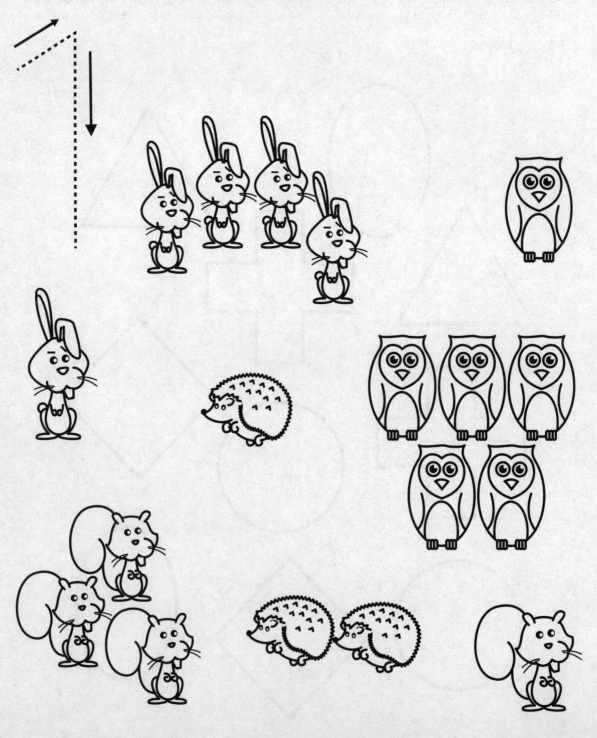

1-2-3-4-5 **Números**

Uno

Dibuja un árbol de manzanas con una manzana y un pajarito.

Números 1...2...3...4...5

Dos

Traza el número **2** varias veces siguiendo la línea punteada. En nuestro cuerpo tenemos varias partes que son dos, enciérralas en un círculo.

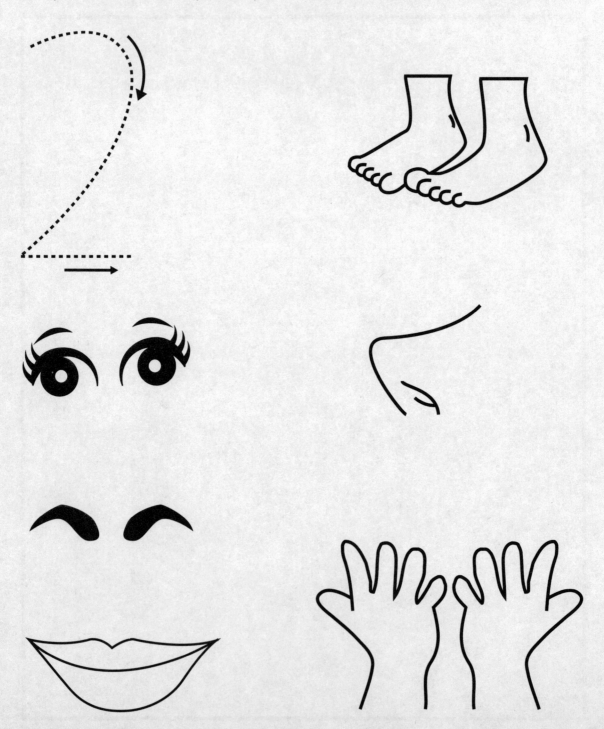

70

1...2...3...4...5 **Números**

Dos

Colorea los dibujos que son **2**.

Números 1...2...3...4...5

Tres

Traza el número **3** varias veces siguiendo la línea punteada. En estos floreros hay flores muy bonitas. Colorea **3** flores de cada uno.

Tres

Dibuja los que haga falta para que haya **3** galletas, **3** paletas y **3** helados, después coloréalos.

Cuatro

Traza el número **4** varias veces siguiendo la línea punteada. Después colorea **4** patos, **4** ranas y **4** mosquitos.

Cuatro

Colorea donde haya **4** frutas iguales y únelas al número **4** con una línea.

Números 1–2–3–4–5

Cinco

Traza el número **5** varias veces siguiendo la línea punteada. Después recorta de la página 159 **5** naranjas y pégalas en el árbol.

Cinco

A esta bolsita de dulces le vas a meter **5** de cada uno. Colorea únicamente los que tienen que ir.

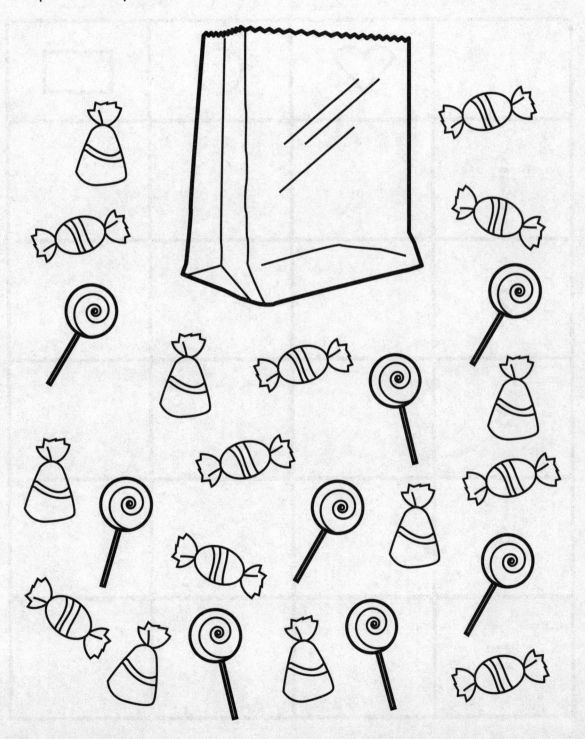

Números 1...2...3...4...5

Repaso

Dibuja lo que se te pide.

	♥	○	▭
1			
2			
3			
4			
5			

1-2-3-4-5 **Números**

Repaso

Colorea los peces como se te pide.

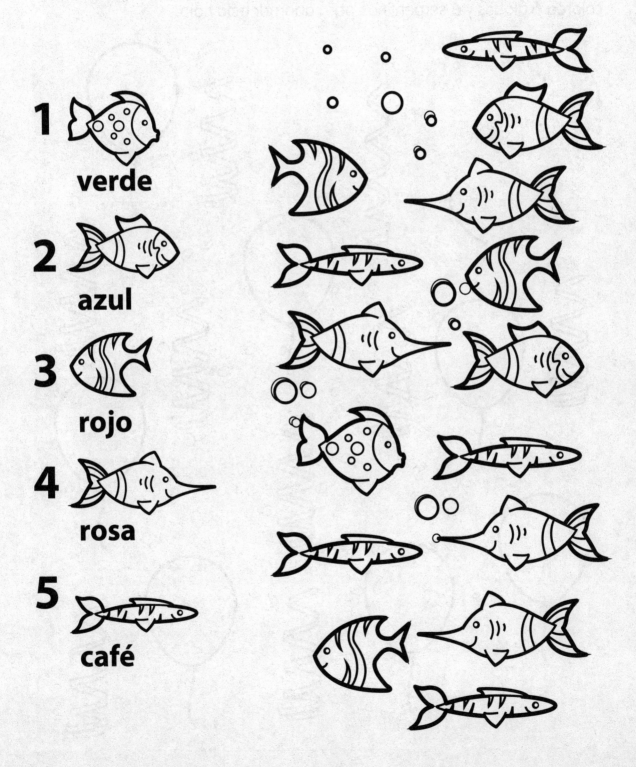

1 verde

2 azul

3 rojo

4 rosa

5 café

Números 1–2–3–4–5

Seis

Traza el número **6** varias veces siguiendo la línea punteada. Después colorea **6** globos y **6** serpentinas para adornar esta hoja.

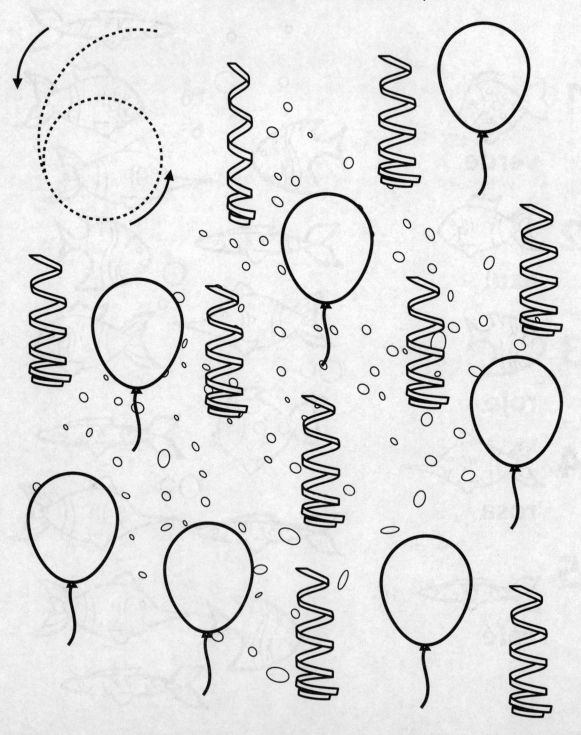

Seis

Adorna estos pasteles dibujando **6** cerezas en cada uno.

Números 1—2—3—4—5

Siete

Traza el número **7** varias veces siguiendo la línea punteada. Después Une con líneas **7** pajaritos a cada casa y coloréalos.

Siete

Encierra en un círculo verde **7** canicas para Luciana y en un círculo azul 7 canicas para Emiliano, después coloréalas.

Números 1...2...3...4...5

Ocho

Traza el número **8** varias veces siguiendo la línea punteada.
Sofía paseará a **8** perros que le encargaron. Dibuja la correa de cada perro hacia la mano se Sofía.

1–2–3–4–5 **Números**

Ocho

Ocho mariposas son iguales, encuéntralas y coloréalas de rosa y las otras de amarillo.

Números 1...2...3...4...5

Nueve

Traza el número **9** varias veces siguiendo la línea punteada. Aquí hay **9** conejos, dibuja una zanahoria para cada uno.

1···2···3···4···5 **Números**

Nueve

Estos animalitos son pequeños. Colorea los que sean **9** y los que no táchalos.

Números 1…2…3…4…5

Diez

Traza el número **10** varias veces siguiendo la línea punteada. Después dibuja **10** gotas de lluvia a cada nube.

Diez

Dibuja a cada malteada un popote. Colorea unas malteadas de chocolate (café), unas de fresa (rosa) y unas de vainilla (amarillo).

Números 1--2--3--4--5

Trazo de números

Traza los números hasta terminar cada renglón.

1...2...3...4...5 **Números**

Trazo de números

Traza los números hasta terminar cada renglón.

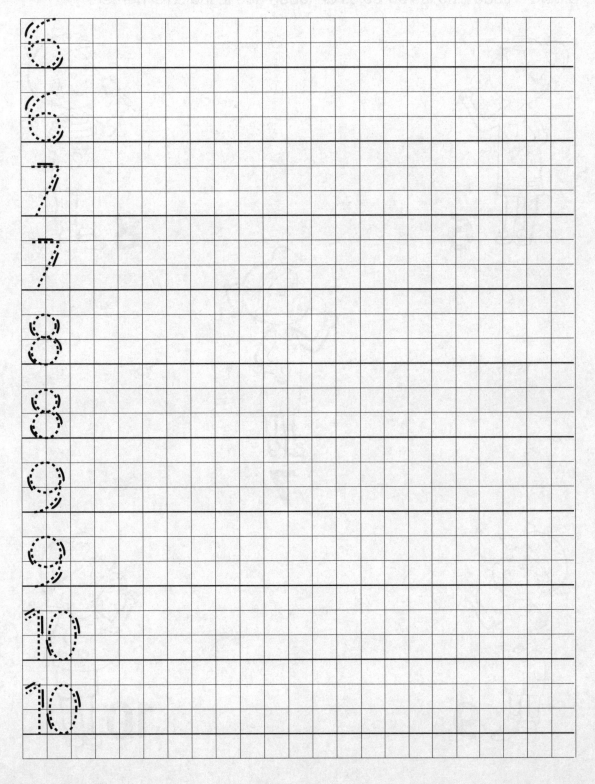

Números 1...2...3...4...5

Repaso

Dibuja a cada niño las burbujas de jabón que te indica el número.

6

8

7

9

10

Repaso

Dibuja lo que se te indica.

6 ♡ rojos _____

7 ☀ amarillos _____

8 ☺ rosas _____

9 / azules _____

10 ○ morados _____

Repaso

Encuentra los números escondidos y coloréalos como se indica.

uno: azul **dos**: rojo **tres**: amarillo
cuatro: verde **cinco**: morado **seis**: rosa
siete: anaranjado **ocho**: café **nueve**: negro

1–2–3–4–5 **Números**

Repaso

Une los puntos siguiendo los números del 1 al 10 y encontrarás un animal que vive en el mar. ¿Cuál crees que es? Coloréalo.

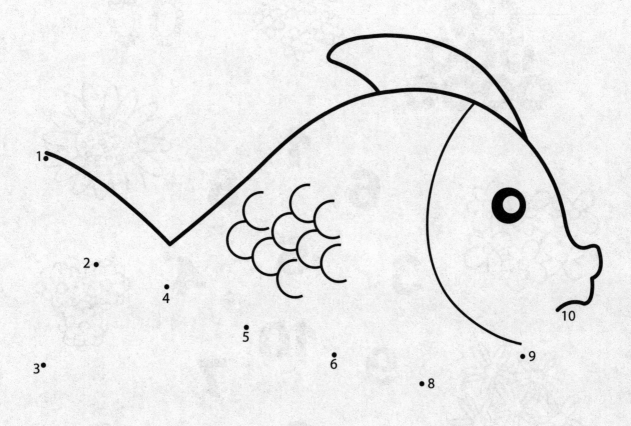

Números 1...2...3...4...5

Repaso

Relaciona con líneas de colores a los números con las flores.

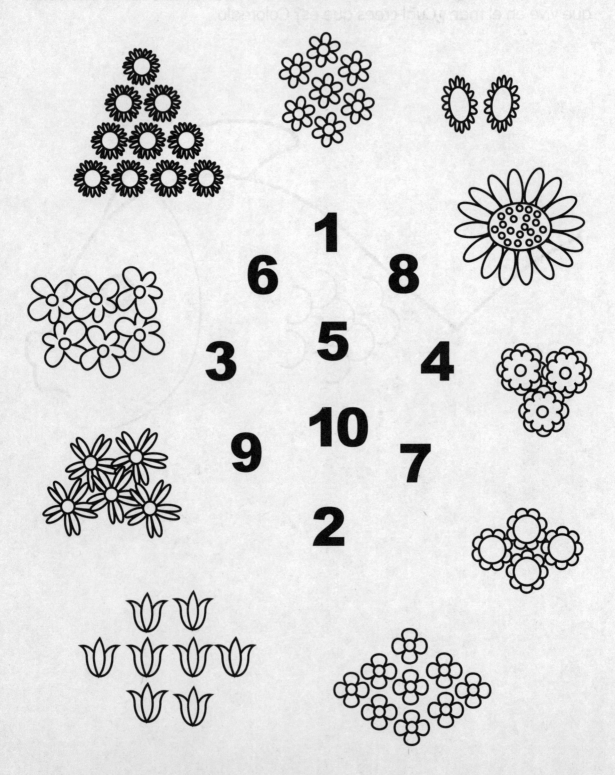

Repaso

Colorea las pelotas como se indica.

1 negra, 2 verdes, 3 azules, 4 cafés, 5 rosas, 6 amarillas, 7 anaranjadas, 8 moradas, 9 grises, 10 rojas.

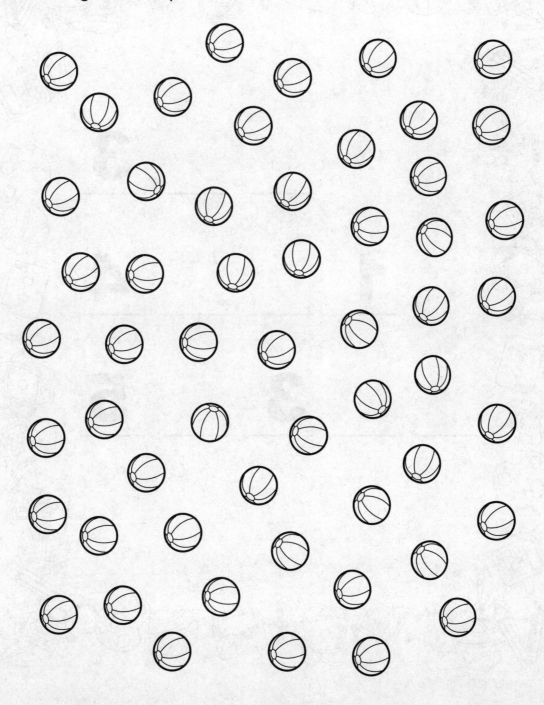

Números 1--2--3--4--5

Antecesor

Escribe en las líneas los números que faltan.

___ ___ 3

1 ___ 4

___ 3 5

Sucesor

Escribe en las líneas los números que faltan.

3   6
_____   _____

4   7
_____   _____

5   7
_____   _____

6
_____   _____

7   10
_____   _____

Números 1...2...3...4...5

Antecesor - Sucesor

Escribe los números que se te piden.

_____ 3 _____

_____ 4 _____

_____ 5 _____

Antecesor - Sucesor

Escribe en la playera de cada niño o niña los números que van antes del 3 y los que van después del 3.

Mayor que

Este signo > es para señalar en dónde hay mayor cantidad de cosas, animales, personas. Colorea donde hay mayor cantidad de helados y paletas. Remarca el signo con color rojo.

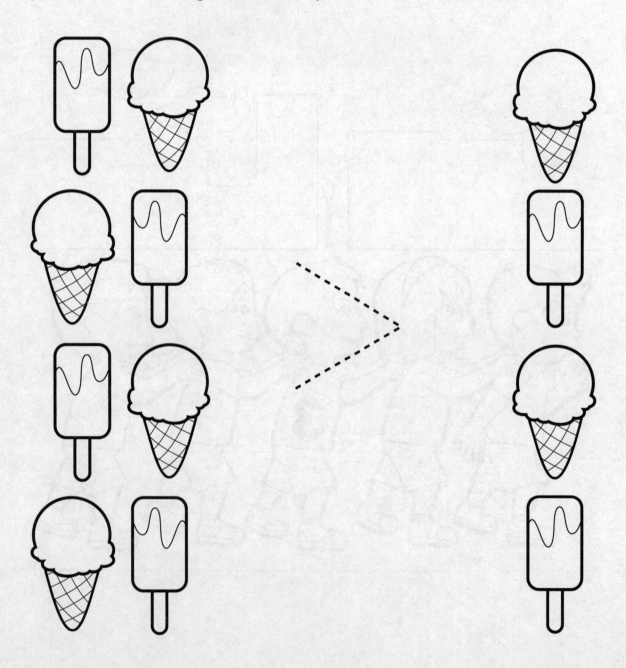

Mayor que

Colorea donde hay mayor cantidad de algodones de azúcar, bolsas de palomitas y churros. Remarca el signo con color rojo.

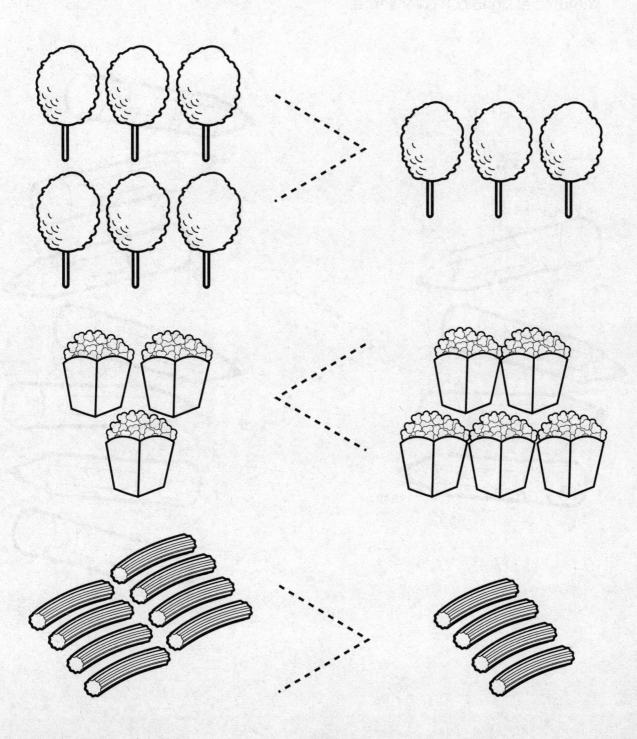

Cantidad

Menor que

Este signo < es para señalar en dónde hay menor cantidad de cosas, animales, personas. Colorea donde hay menor cantidad de lápices. Remarca el signo con color verde.

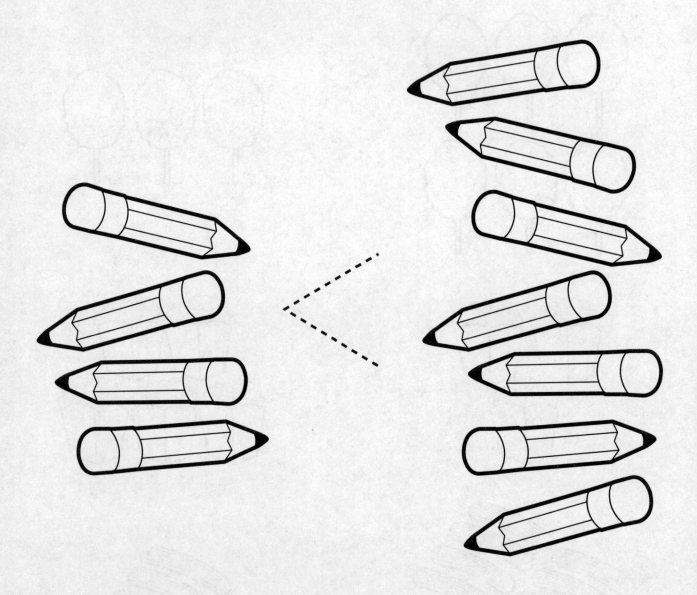

Menor que

Colorea donde hay menor cantidad de libretas, tijeras y reglas. Remarca el signo con color verde.

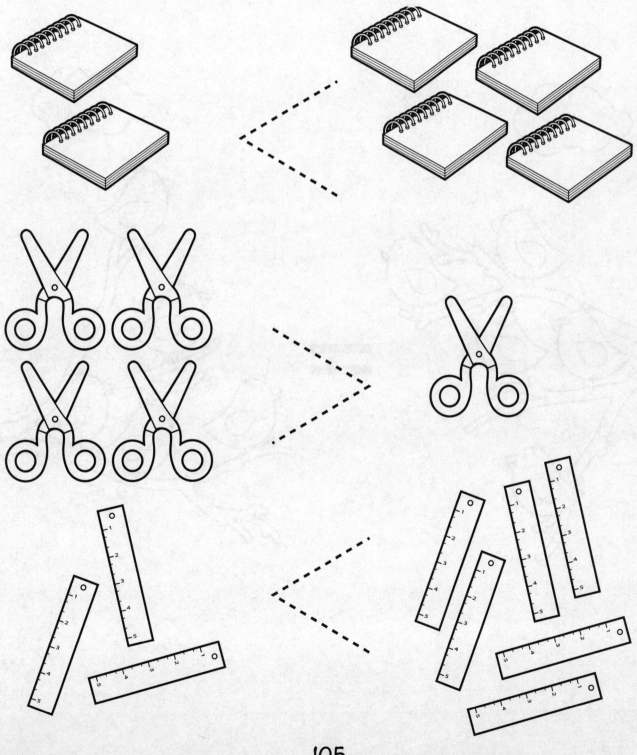

Cantidad <-–=–+->

Igual que

Este signo = es para señalar en dónde hay igual cantidad de cosas, animales, personas. Colorea los dibujos. Remarca el signo con color azul.

Igual que

Estos animales también se encuentran entre las ramas. Escribe el signo = únicamente donde haya la misma cantidad de animalitos. Después coloréalos.

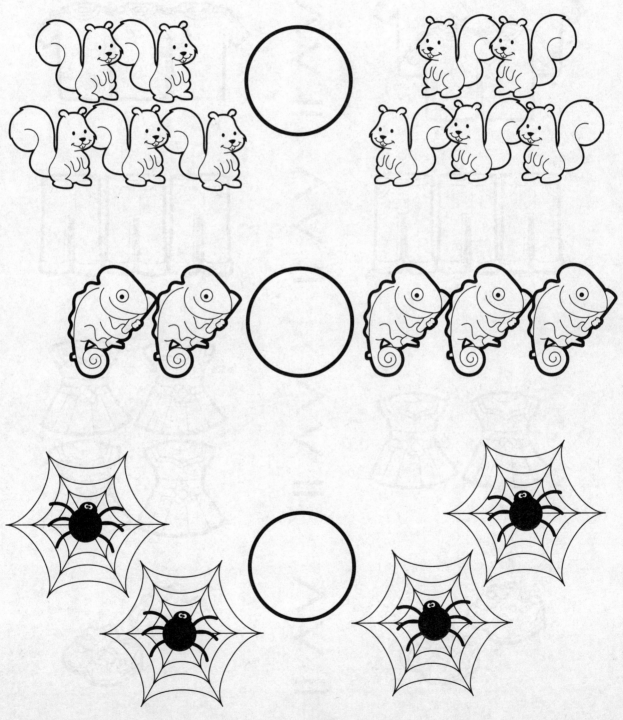

Cantidad <—-=+->

Mayor que, Menor que e Igual que

Encierra en un círculo el signo que corresponda

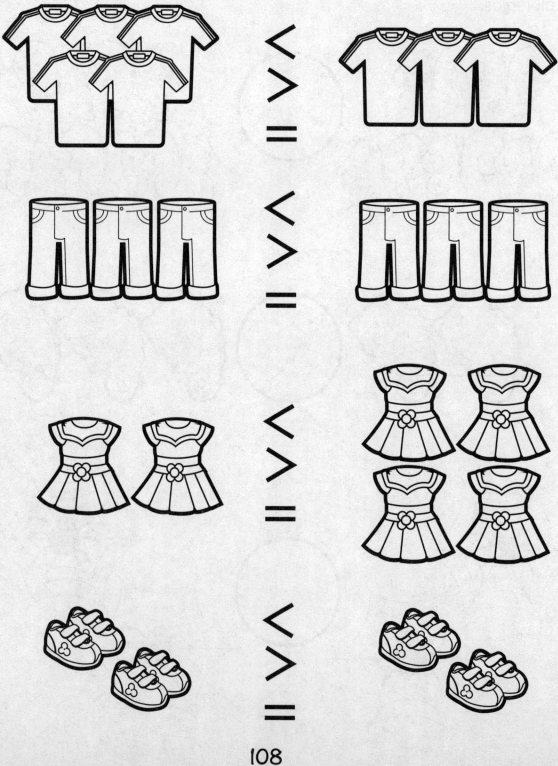

<-- = + --> Cantidad

Mayor que, Menor que e Igual que

Hay diferentes tipos de pelotas para jugar. Escribe en el círculo el signo que corresponda. Colorea las pelotas que más te gustan.

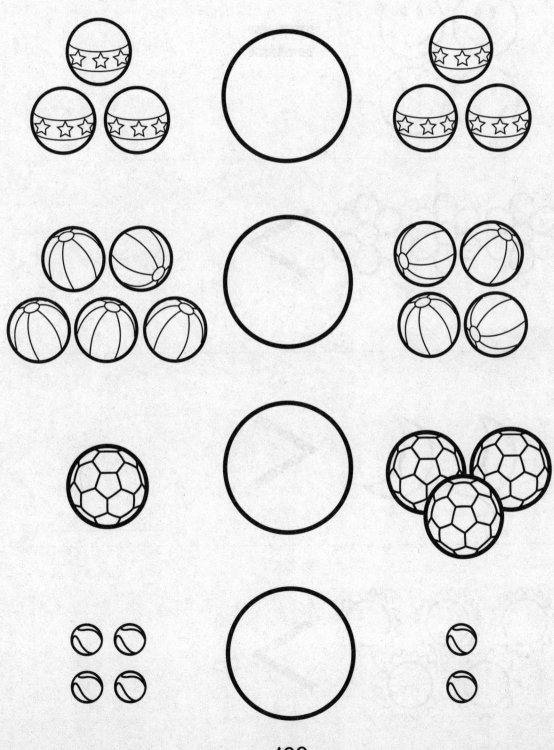

Cantidad <---=--+-->

Mayor que, Menor que e Igual que

Observa y dibuja según lo indica cada signo.

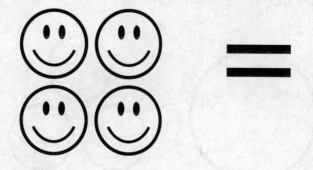

< — = + > Cantidad

Mayor que, Menor que e Igual que

Escribe el signo que corresponde

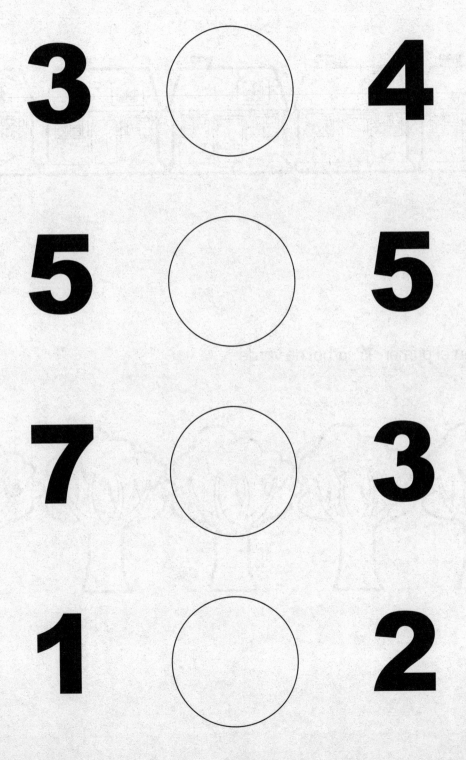

Números ordinales 1°...2°...3°...4°...5°

Primero

Los números ordinales son los que expresan un orden. Colorea la primera 1° casa de rojo.

Colorea el primer 1° árbol de verde.

1°...2°...3°...4°...5° **Números ordinales**

Segundo

Encierra en un círculo la segunda 2° taza con color naranja.

Encierra el segundo 2° vaso de color café.

Números ordinales 1°...2°...3°...4°...5°

Tercero

Marca con una X el tercer 3° lápiz y colorea los demás.

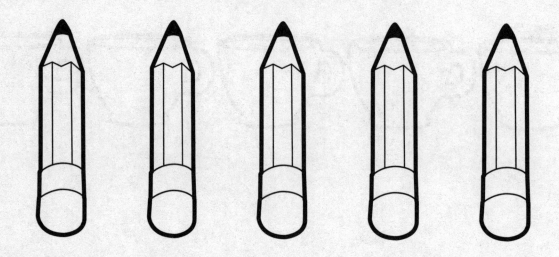

Marca con una X las terceras 3° tijeras y colorea las demás.

1°·2°·3°·4°·5° **Números ordinales**

Cuarto

Colorea el cuarto **4°** pantalón de color azul.

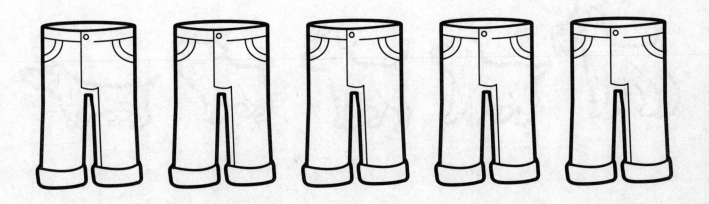

Colorea el cuarto **4°** calcetín de amarillo.

Números ordinales 1°...2°...3°...4°...5°

Quinto

Encierra en un círculo el quinto 5° perro.

Encierra en un círculo el quinto 5° gato.

1°...2°...3°...4°...5° **Números ordinales**

Repaso

Colorea el primero, tercero y quinto señor que están subiendo al avión.

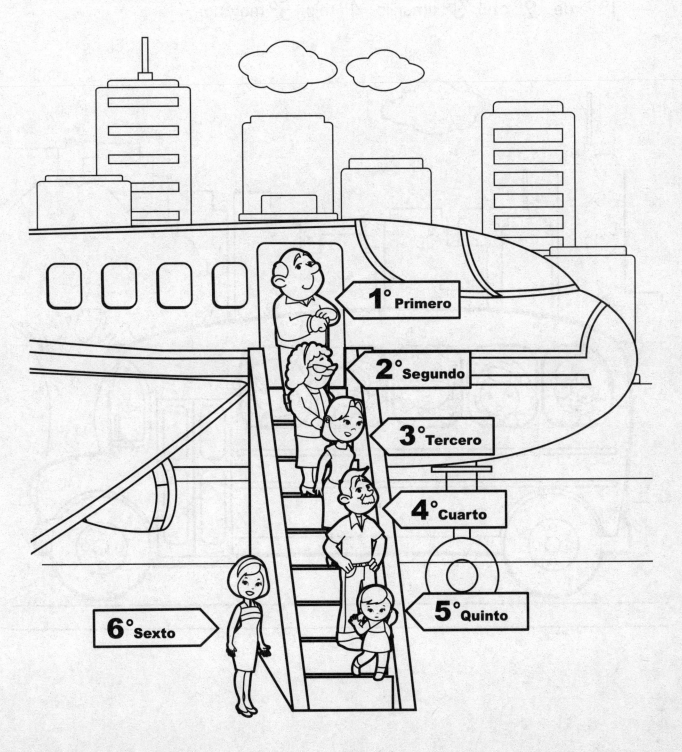

Números ordinales 1°...2°...3°...4°...5°

Repaso

Encierra en un círculo a los niños según la posición en la que se encuentran:

1° verde, 2° azul, 3° amarillo, 4° rojo, 5° morado.

1° 2° 3° 4° 5° **Números ordinales**

Repaso

Colorea el segundo, el tercero y el quinto niño de la fila, después escribe el número que le corresponde a cada uno.

Operaciones + × ÷ −

Sumas

Cuenta los animales que viven en esta granja, coloca el número en la línea de abajo y suma para saber cuántos hay en total.

_2_ + _1_ = 3

_1_ + _3_ = 4

_4_ + _1_ = 5

Sumas

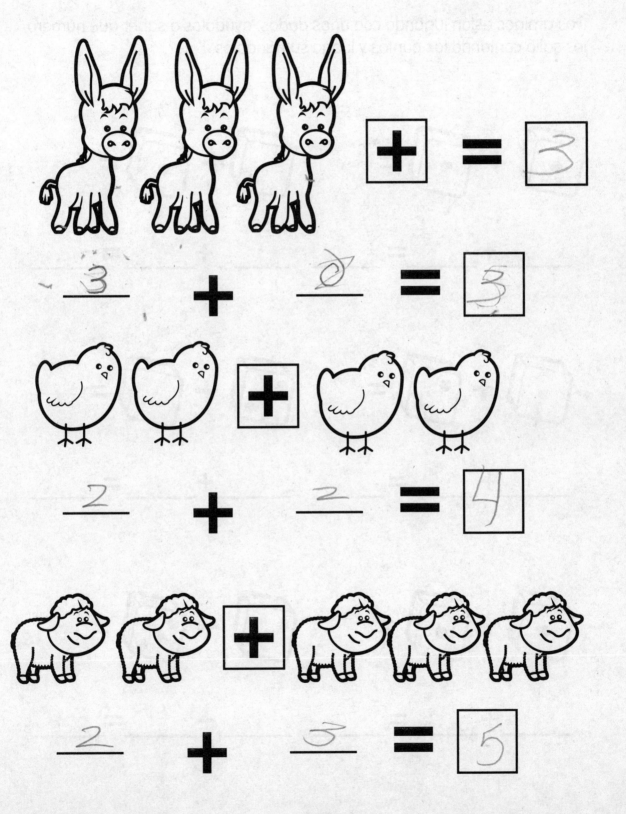

Operaciones + × ÷ −

Sumas

Dos amigos están jugando con unos dados, ayúdalos a saber qué número les salió contando los puntos y luego sumándolos.

⚀ + ⚀ =   ⚁ + ⚀ =

___ + ___ = ___   ___ + ___ = ___

⚀ + ⚁ =   ⚂ + ☐ =

___ + ___ = ___   ___ + ___ = ___

⚀ + ⚀ =   ⚁ + ⚂ =

___ + ___ = ___   ___ + ___ = ___

Sumas

Pedro tenía 2 carritos, de cumpleaños su tío le regaló 1 más. Cuenta los carritos y ayúdalo a saber cuántos tiene.

Sofía tenía 3 muñecas, con sus ahorros compró una más. Ayúdala a saber cuántas muñecas tiene ahora.

Sumas

Julia fue al supermercado con su mamá, pusieron 2 chocolates en el carrito y 3 paletas de caramelo. Ayúdalas a saber cuántos dulces llevaron.

___ + ___ = ☐

Julia y su mamá también compraron pan de dulce, 2 donas de chocolate y 2 cuernitos. ¿Cuántos panes llevaron?

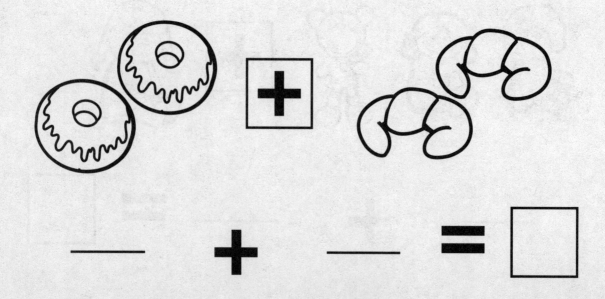

___ + ___ = ☐

Sumas

En el frutero de casa de Rodrigo había dos peras y trajeron 3 más. ¿Cuántas peras tiene en total?

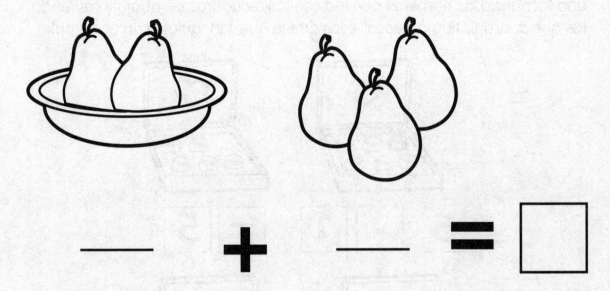

____ + ____ = ☐

En la cocina de Rodrigo había 3 macetas. En una fiesta le regalaron 1 maceta. ¿Cuántas macetas hay en la cocina?

____ + ____ = ☐

Operaciones + × ÷ −

Restas

Por la celebración del día de la amistad, Luciana le regaló a cada amiga una caja de bombones. Descubre cuántos bombones le quedaron a cada una tachando los números que indican los recuadros de abajo y contando los que sobran. Dibuja y escribe los que le quedan, guíate con el ejemplo.

Restas

Operaciones + × ÷ -

Restas

Mariana fue a comer tacos, le sirvieron 4 y le dio 2 a su hermano. ¿Cuántos tacos le sobraron?

4 - 2 = ___

La mamá de Juan Carlos hizo 3 pasteles, se comieron uno en la fiesta de su hermana. ¿Cuántos pasteles le quedaron?

3 - 1 = ___

Restas

Había 3 pollitos en el corral, un pollito se salió. ¿Cuántos pollitos quedaron dentro del corral?

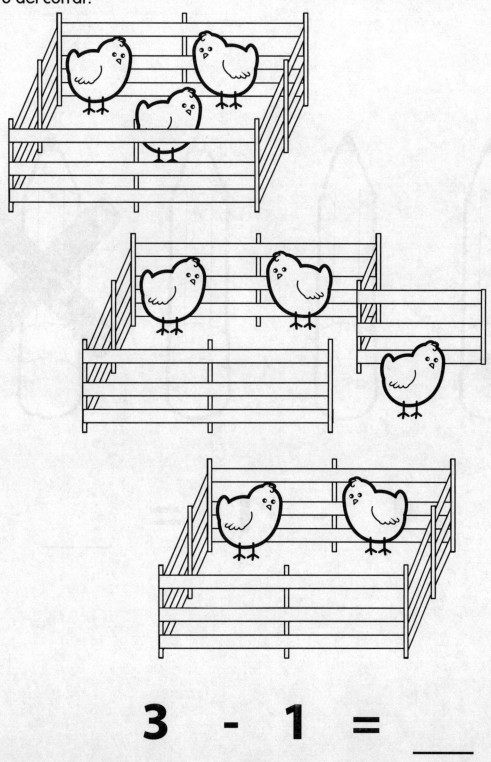

3 - 1 = ___

Operaciones +...×...÷...−

Restas

Santiago tenía 4 lápices y perdió uno. ¿Cuántos lápices tiene ahora?

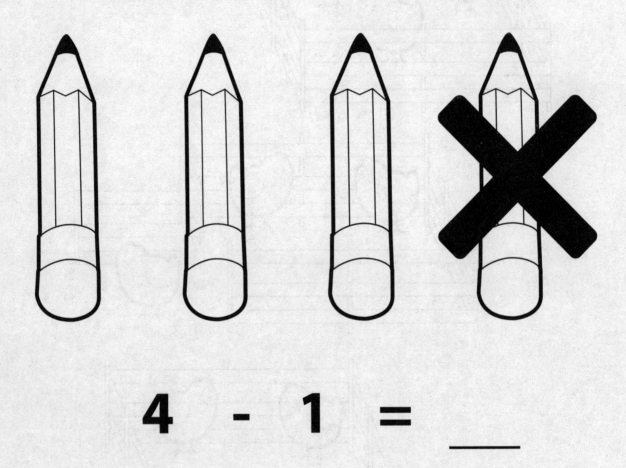

4 - 1 = ___

Restas

Un árbol tiene 5 changuitos jugando, uno se bajó a comer. ¿Cuántos changuitos quedaron en el árbol?

5 - 1 = ___

Operaciones

Repaso

Estaban unos amigos jugando con sus pelotas. Observa y escribe la respuesta.

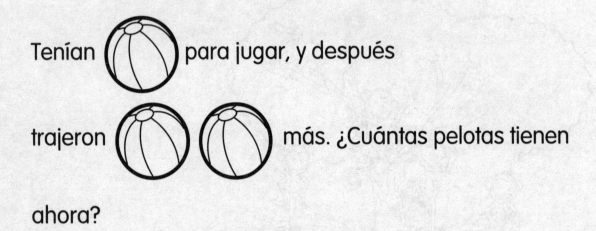

Tenían ⚪ para jugar, y después trajeron ⚪ ⚪ más. ¿Cuántas pelotas tienen ahora?

Completa:

_____ + _____ = _____

Hay: _____ pelotas.

Repaso

Escribe la respuesta.

En un jardín había

y volaron

Completa:

Había _____ - _____ = _____

Quedaron: _____ mariposas.

Operaciones + × ÷ -

Repaso

Pepe invitó a Nicolás a su casa, cada uno llevaría sus aviones para jugar.

Pepe tiene

y Nicolás tiene

¿Cuántos aviones tienen en total? _____

+ × ÷ - **Operaciones**

Repaso

Natalia irá de vacaciones a la playa y guarda en su maleta 5 trajes de baño. Al darse cuenta de que la maleta no cierra tiene que sacar 1. Colorea y cuenta los trajes de baño que se llevará.

Metió 5 sacó 1, quedaron en la maleta _____

5 - 1 = _____

Operaciones +×÷−

Repaso

Realiza las sumas para saber cómo debes colorear este dibujo.

5 ROJO   4 CAFÉ   3 VERDE   2 AZUL

+ × ÷ − **Operaciones**

Repaso

Realiza las restas para saber cómo debes colorear este dibujo.

4 ROJO   3 AMARILLO   2 ROSA   1 AZUL

Series

Observa la serie y completa según corresponda.

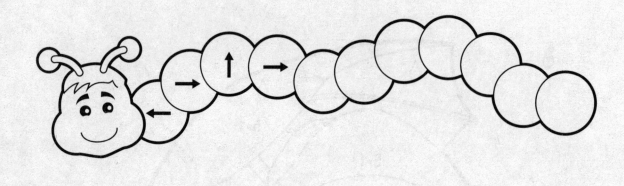

Series

Completa la serie como se indica. Usa diferentes colores.

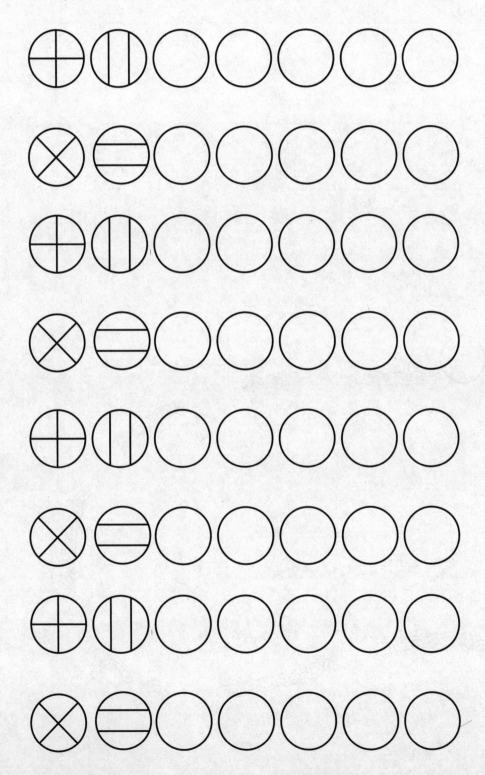

Series

Éste es un collar para mamá, sigue la serie y verás qué lindo queda. Después coloréalo.

Series

Observa la serie y colorea el número que sigue.

3 4 5 3 4 5	54
	3
1 4 1 4 1 5 1 4 1 4	14
	15
0 0 1 0 0 1	01
	001

Series

Cuando vas al cine las butacas están numeradas. Escribe el número que sigue a cada asiento. Colorea las butacas.

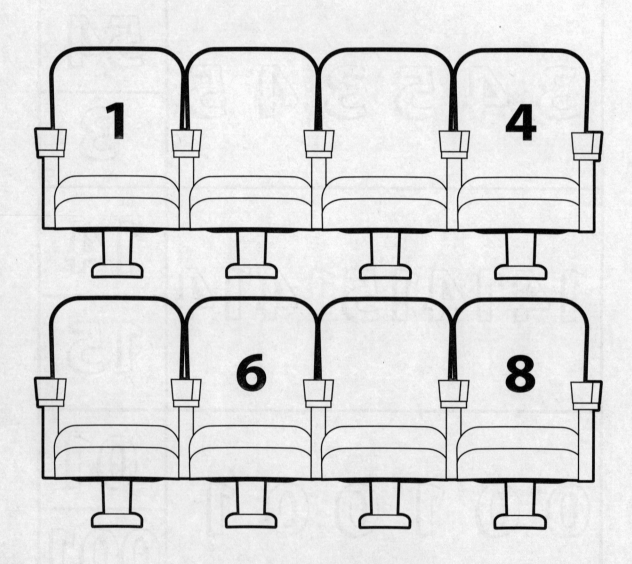

Series

Estos autos van a participar en una competencia. Escribe a cada auto el número que le corresponde.

Relaciones espaciales

Relaciones espaciales

Este auto tiene que llegar a su casa, encuentra el camino que tiene que seguir. Utiliza un color.

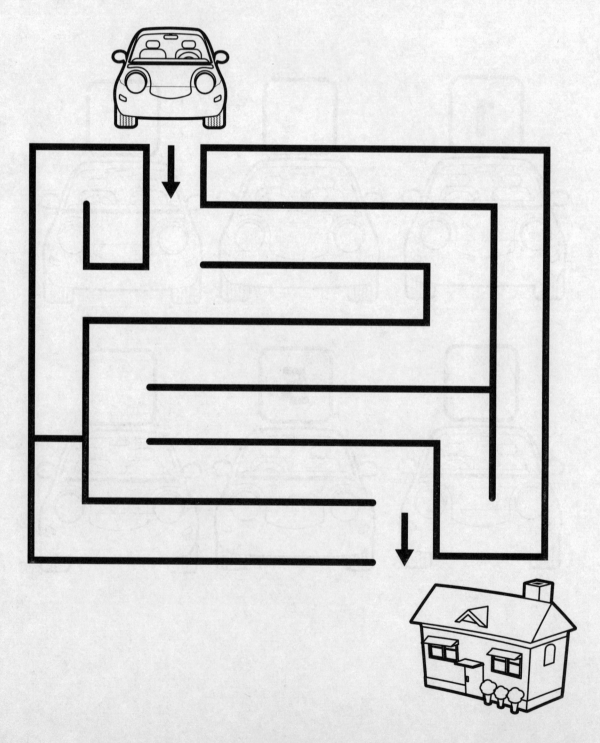

Relaciones espaciales

Con diferentes colores rellena los cuadros como el modelo.

145

Relaciones espaciales

El topo vive debajo de la tierra, pero de vez en cuando sale al campo, ¿cuál es el camino que tiene que seguir?

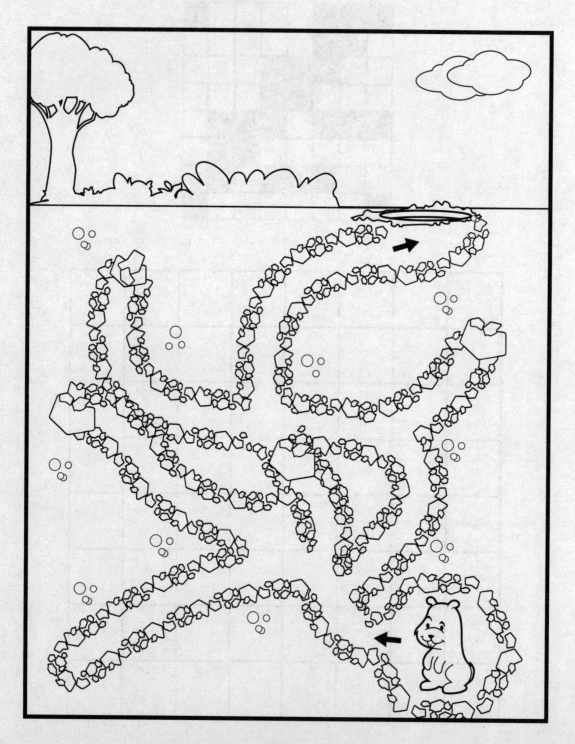

Relaciones espaciales

Copia el modelo del caracol en la cuadrícula.

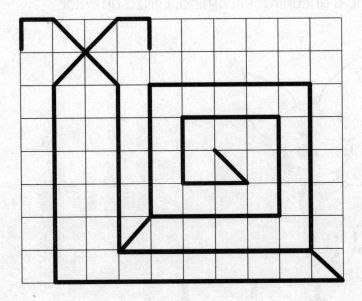

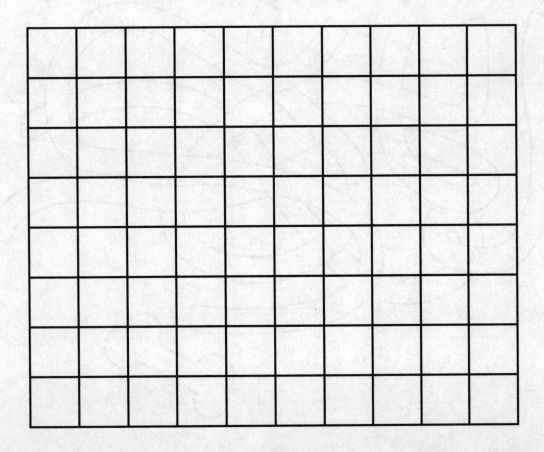

Relaciones espaciales

Relaciones espaciales

El perro de Luciana quiere llegar a su hueso pero no sabe cuál camino seguir, ayúdalo a encontrar el camino. Utiliza un color.

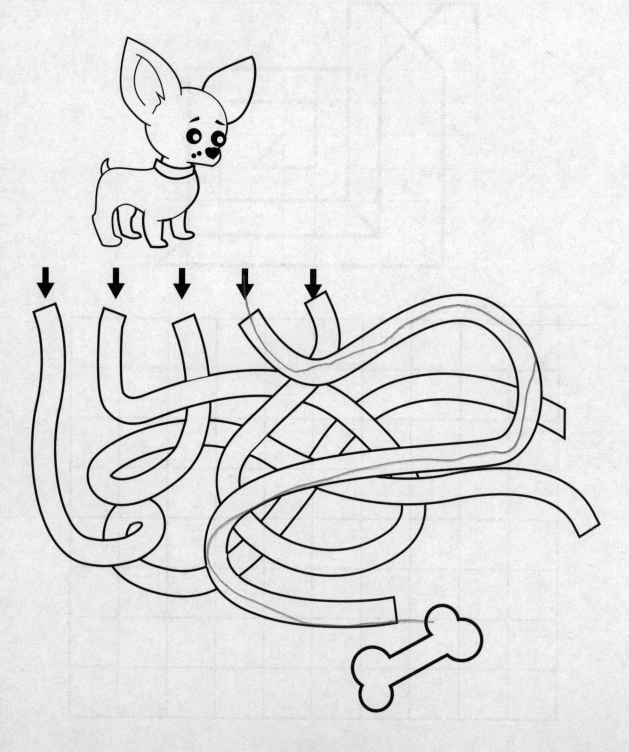

Relaciones espaciales

Completa la casa.

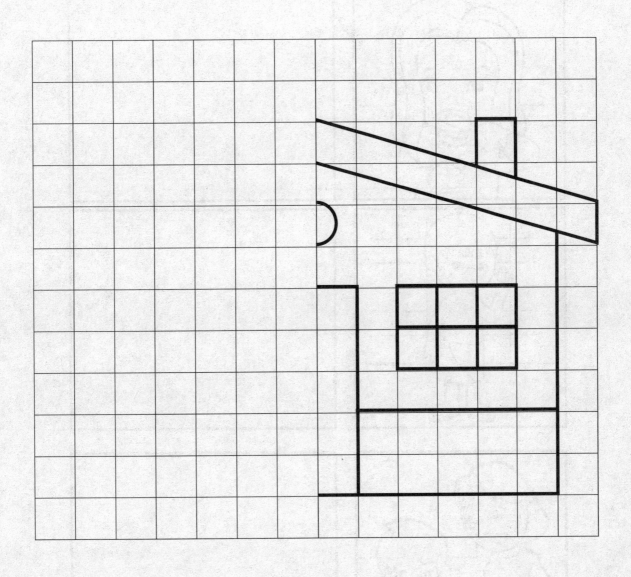

Relaciones temporales

Hay muchas cosas que llevan un orden, ve la imagen y escribe o dibuja en el cuadro de la derecha lo que haces inmediatamente después.

Relaciones temporales

Busca en la página 157 la historia que narra cómo Rodrigo hizo su tarea, recorta los dibujos y pégalos en el orden correcto.

Primero

Después

Al último

Relaciones temporales

Une con una línea las actividades que haces en la mañana, en la tarde y en la noche. Después colorea los dibujos.

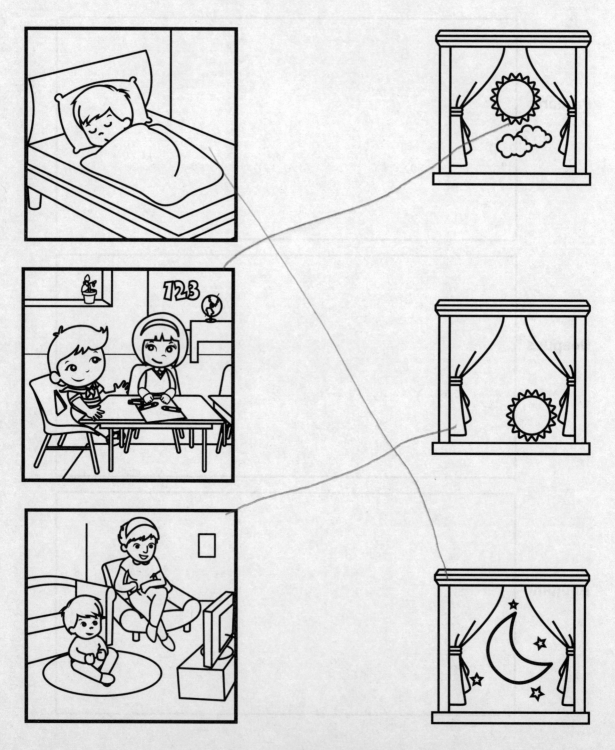

Relaciones temporales

Los dibujos de esta historia están desordenados. Escribe el orden correcto anotando en el cuadro de la derecha el número que corresponde del 1 al 3.

Pensamiento matemático

Pensamiento matemático

Completa el cuadro, guíate con el ejemplo.

154

Pensamiento matemático

Observa el dibujo y descubre el nombre de cada niño de acuerdo a las pistas que se te dan. Anótalo o pide a un adulto que lo haga debajo de cada uno.

Pablo tiene lentes y usa short.

Hernán usa short pero no lentes.

Mariana tiene vestido y se peina de colitas.

Pati tiene vestido y tiene pelo corto.

_____   _____   _____   _____

Pensamiento matemático

Encierra el elemento que no debería estar en cada fila. Explícale a un adulto por qué. Después colorea los dibujos.

Recortables

Página 151.

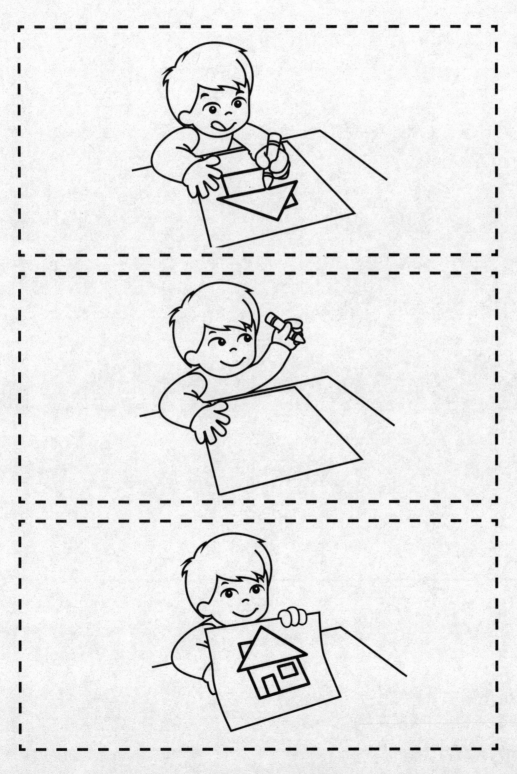

Recortables

Página 76

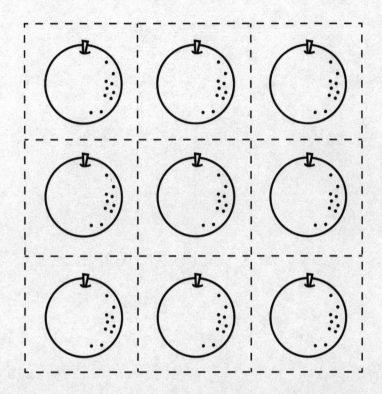